Sigrid Zeevaert

Emma und Paul

Sigrid Zeevaert

EMMA UND PAUL

Mit Bildern von SaBine Büchner

Hase und Igel®

Für Lehrkräfte gibt es zu diesem Buch
ausführliches Begleitmaterial beim Hase und Igel Verlag.

Druckprodukt mit finanziellem
Klimabeitrag
ClimatePartner.com/13493-2502-1019

MIX
Papier | Fördert gute Waldnutzung
FSC® C043106
www.fsc.org

Dieses Buch erschien erstmals 2017 unter dem Titel
„Emma ist eben doch ein Glückskind“
in der Thienemann-Esslinger Verlag GmbH, Stuttgart.
Die vorliegende Ausgabe wurde von der Autorin gekürzt und aktualisiert.

www.hase-und-igel.de
Lektorat: Anna Schultes
Satz: Appel Grafik München GmbH
Druck: Grafisches Centrum Cuno GmbH & Co. KG, Gewerbering West 27,
39240 Calbe (Saale), info@cunodruck.de

ISBN 978-3-86316-037-1
3. Auflage 2025

INHALT

1. Kapitel

EIN FREUND WIE PAUL

„Ha!“, ruft Emma und gluckst vor sich hin. Heute hat sie wieder Glück. Sie muss nur kurz die Augen zumachen und leise bis drei zählen, schon passiert irgendwas.

„Ha!“, ruft jetzt auch Paul, der den ganzen Weg von der Schule bis nach Hause mit Emma geht. Paul ist Emmas Freund. Zusammen haben sie gleich noch mal so viel Glück.

Erst kommt ihnen eine Frau mit einem kleinen Hund entgegen. Er springt Emma an, was Emma nicht stört. Den Lutscher, den die Frau ihr als Entschuldigung schenkt, findet sie trotzdem gut. Weil er schmeckt und man sich mit dem Lecken auch immer abwechseln kann.

„Mmh!“, sagt Paul.

Da fliegt ein Vogel haarscharf über ihre Köpfe hinweg. Er lässt was fallen. Aber er trifft Emma nicht.

Auch Paul bekommt zum Glück nichts davon ab. „Hast du das gesehen?“, ruft er.

„Klar, was denkst du?“, ruft Emma, denn sie ist ja nicht blind. Dann dreht sie sich um und geht den Bürgersteig einfach rückwärts weiter entlang. Paul passt schließlich auf, dass sie keine Oma umrennt.

„Stopp!“, sagt er jetzt.

Emma bleibt stehen. „Was ist?“, fragt sie und guckt Paul an.

„Weiter“, sagt er nur.

Schon setzt Emma ihren Weg im Rückwärtsgang fort.

Paul ist Emmas bester Freund. Jedenfalls hat er mal so was gesagt. Und wo sie doch in derselben Klasse sind. Außerdem wohnt er nicht weit von Emma entfernt. Von der Haustür läuft man ein Stück, bis eine Hecke kommt. Dann noch eine Straße, in die biegt man ein. Schon kann man Pauls Haus mit dem Gartenzaun sehen.

Morgens holt Emma ihn ab und sie gehen zusammen, bis sie in der Schule sind.

Mittags bringt Paul Emma nach Hause. „Schließlich bin ich stark“, sagt er. „Da beschütze ich dich.“

Emma findet Beschütztwerden schön. Erst recht, wenn Paul es macht. Obwohl sie auch gut auf sich selbst aufpassen kann. Wo sie inzwischen doch längst wieder normal herum geht. Alles ist irgendwie schön. Deswegen hüpft sie das letzte Stück und bleibt erst stehen, als sie vor ihrer Haustür sind.

„Sollen wir heute Nachmittag wieder mit Wuschel gehen?“, fragt Paul.

„Klar“, sagt Emma schnell. Wuschel ist Emmas Hund. Auch der von Papa und Mama natürlich. Und von Amelie. Und Linus und Leo. Ein bisschen vielleicht sogar von Luna. Dabei ist die eine Katze und mag Hunde eigentlich nicht. Mit Wuschel ist das aber was anderes. Wuschel ist der liebste Hund der Welt.

„Dann hole ich dich um drei ab“, verspricht Paul.

Emma drückt den Klingelknopf dreimal ganz lang. Auf einmal hat sie nämlich Hunger. Und wo man bei ihren beiden Brüdern nie wissen kann. Linus und Leo sind schließlich noch klein. Die essen ihr bestimmt alles weg, wenn sie nicht schnell genug ist.

„Emma!“, stöhnt Mama, als sie wenig später zusammen am Tisch sitzen. Nur Papas und Amelies Stühle sind leer. Amelie ist ja schon alt und macht gerade ein Praktikum. Und Papa arbeitet die ganze Zeit in seinem Büro. „Was ist denn mit dir los?“

„Fast wäre ich verhungert“, sagt Emma nur.

Linus und Leo kichern. Dann stürzen auch sie sich auf die Spaghetti. Und sie erzählen vom Kindergarten. Dass ein Junge einem anderen Jungen Klötze an den Kopf geworfen hat.

Emma hört zu. Bis Mama sie fragt, wie es bei ihr in der Schule war.

„Wowowowow“, macht Emma nur, weil sie den Mund gerade voller Spaghetti hat. Sie schluckt. Dann erzählt sie endlich vom Vogel und wie viel Glück sie hatte, dass er ihr nicht auf den Kopf gemacht hat. Von Paul sagt sie nichts. Weil man das so schlecht sagen kann. Und weil Paul sie nachher wieder abholen kommt.

Emma nimmt ihren leer gegessenen Teller und erklärt: „Ich muss noch mal weg. Aber nicht jetzt, sondern um drei."

„Pff", machen Linus und Leo da nur.

„Und wohin?", fragt Mama nach.

„Ist geheim. Und nur Wuschel darf mit." Schon saust sie in die Küche.

„Warte!", ruft Mama.

Aber Emma tut, als hätte sie nichts gehört. Noch ist sie ja hier. Und sie macht doch auch nichts, was verboten ist. Emma behält es nur lieber für sich.

Und Linus und Leo müssen nicht denken, sie dürften überallhin mit. Erstens sind sie noch zu klein und zweitens haben sie sich doch schon und ihren Kindergarten. Emma hat nichts. Bis auf Paul natürlich und Wuschel. Manchmal hat sie auch Glück. Und deswegen setzt sie sich freiwillig hin und fängt an zu rechnen, ohne dass Mama sie daran erinnern muss.

Als Linus und Leo irgendwann ankommen und fragen: „Spielst du mit uns?", sagt Emma auch lieber gleich Nein.

Die beiden wollen trotzdem nicht wieder gehen. Sie bitten und betteln: „Wir wären die Räuber und du das einsame

Mädchen, das sich im Wald verirrt hat. Dann würden wir dich überfallen …"

Emma stöhnt auf. „Lasst mich!"

„Du bist gemein", schimpfen Linus und Leo. „Und wir spielen nie wieder mit dir." Laut fliegt die Tür hinter ihnen zu.

Emma verdreht die Augen und seufzt. Nur gut, dass wenigstens Paul nett zu ihr ist.

2. Kapitel

WUSCHEL HÖRT FAST IMMER GUT

Um Punkt drei klingelt es an der Tür. Emma springt auf. Aber Linus und Leo sind schon an der Tür und reißen sie auf. „Da bist du ja!“, rufen sie und tun so, als wäre Paul ihr Freund und nicht Emmas. „Na!“ Ganz lieb gucken beide ihn an. „Wir wollen jedenfalls mit. Egal, wohin ihr geht.“

„Wie?“, wundert sich Paul. „Was?“ Er guckt von Linus zu Leo und schließlich zu Emma.

Die schüttelt entschieden den Kopf. „Was fällt euch ein?“ Sie schnappt sich die Leine und zieht an Pauls Arm. „Komm!“ Wuschel muss sie gar nicht erst rufen. Der weiß sowieso längst, dass er gleich ausgeführt wird. Mit lautem Gebell springt er an Paul hoch und leckt ihn ab.

„Ist ja gut“, beruhigen Emma und Paul ihn kichernd.

„Ihr seid blöd“, maulen Linus und Leo. „Außerdem wollen wir gar nicht mehr wissen, wohin ihr überhaupt geht.“

„Das verraten wir auch nicht“, erklärt Emma. „Nicht für eine Million.“ Sie stößt Paul an.

Der nickt und sagt: „Tut uns leid.“

Dann machen sie sich mit Wuschel auf den Weg. Aber sie hören Linus und Leo noch schimpfen: „Bestimmt regnet es gleich! Oder es hagelt! Vielleicht gibt es eine Überschwemmung, dann kommt ihr nie mehr zurück. Ihr werdet schon sehen!"

„Von wegen", murmelt Emma und verdreht die Augen.

Sie laufen die Straße hinunter, um die Ecke herum und noch ein Stück weiter. Bis Wuschel ein Bein heben muss und die halbe Laterne nass macht. Wuschel ist schließlich ein Hund. Und ein Klo gibt es für ihn nicht, sondern nur den Bürgersteig, den Weg und den Wald. Deswegen gehen sie manchmal mit ihm. Wo Paul sich ja auch einen Hund wünscht. Nur leider bekommt er den nicht. Dafür hält er jetzt die Leine, die Emma ihm in die Hand gedrückt hat.

„Später werde ich vielleicht Hundedompteur", sagt Paul. „Dann trete ich im Zirkus auf und führe Kunststücke mit ihnen vor."

„Echt?", fragt Emma. „Und was ist mit mir?"

„Du kannst dich um die Löwen kümmern", sagt Paul. „Oder du wirst Seiltänzerin. Such dir was aus."

Emma bleibt einen Augenblick stehen. Weil es schön ist, was Paul gerade gesagt hat. Emma mag Löwen. Und über ein Seil balancieren mag Emma auch. „Willst du mal was sehen?", fragt sie und klettert auf eine Mauer. Weil Paul Wuschels Leine ja immer noch hält.

Auch wenn er guckt, wie sie balanciert. Vorwärts. Und rückwärts. Sie nimmt die Arme hoch und dreht sich dabei.

„Mmmmmh“, macht Paul. „Schon mal ganz gut.“

Emma steht auf einem Bein. Das andere hebt sie so hoch, wie sie kann. Eines Tages werden sie vielleicht beide berühmt. Dann sind sie sogar im Fernsehen zu sehen …

„Von mir aus kannst du Wuschel auch mal was beibringen“, sagt sie.

Da passiert's. Vor lauter Zugucken und Staunen vergisst Paul die Leine in seiner Hand. Und schwupp – ist sie mit dem ganzen Wuschel daran auch schon weg.

„Stopp!“, ruft Paul, weil Wuschel bereits am Straßenrand angelangt ist.

Ein Auto bremst scharf ab. Wuschel bleibt stehen.

„Stoooopp!“, ruft Paul noch mal und läuft los.

Emma starrt auf Wuschel. Dann auf das Auto. Und sie vergisst, dass sie ja immer noch auf einem Bein balanciert. Schon rutscht sie ab und merkt, wie ihr Knie plötzlich brennt.

Hupend fährt das Auto jetzt weiter.

Wuschel steht immer noch da. Kein bisschen ist er auf die andere Straßenseite gerannt. Klar, Wuschel hört eben gut.

Paul wickelt die Leine fest um sein Handgelenk. „Brav, Wuschel“, sagt er und streichelt sein Zottelfell. Dann sieht er Emma, die nicht mehr auf der

Mauer steht. Emma liegt auf dem Boden und hält sich jammernd das Bein.

„Hast du dir wehgetan?“, fragt Paul und schaut sich ihr blutendes Knie an.

„Was denkst du denn?“ Emma schluchzt.

Paul hilft ihr auf. „Kannst du gehen?“

Emma macht ein paar Schritte. „Ich glaube.“ Sie bleibt doch noch mal stehen. Paul könnte sie tragen, überlegt sie. Aber vielleicht ist sie ihm zu schwer. Also läuft Emma weiter.

Paul schaut immer wieder zu ihr. Bis sie an einer Eisdiele vorbeikommen und er fragt: „Willst du ein Eis?“

Manchmal hat er Geld dabei. Wahrscheinlich ist er ja reich.

„Ja, ja, ja, ja“, sagt Emma, weil Eis jetzt wirklich der beste Trost für sie ist.

Wuschel springt und bellt aufgeregt. Der denkt vielleicht, auch für ihn gäbe es was. Dabei ist Eis für Hunde zu kalt. „Sitz!“, sagt Emma streng.

Wuschel jault auf. Dann setzt er sich hin und guckt Emma an.

„Braaaav!“ Emma streichelt ihn und überlegt, welche Sorten sie nimmt. Aprikose oder doch lieber Stracciatella? Oder Kaugummi-Eis? Im letzten Moment entscheidet sie sich für Schokolade, Himbeere und Pistazie.

Paul will auch drei Kugeln. „Was macht das?“, fragt er und bezahlt für sie beide.

Sie setzen sich auf eine Mauer. Lecken an ihrem Eis. Ein bisschen tropft auf ihre Knie. Aber dafür ist Wuschel ja da. Der leckt alles wieder blitzblank.

Emma ist froh. Auch wegen Wuschel und weil er seinen Kopf zwischen sie legt. Nicht mal ihr Knie tut ihr mehr weh.

„Vielleicht“, sagt Paul plötzlich, „heirate ich dich später.“ Er beißt seine Eiswaffel ringsherum ab.

„Echt?“ Emma muss aufpassen, dass sie sich nicht verschluckt. „Ich glaube, ich heirate dich später auch.“ Paul ist doch ihr Freund. Da muss sie sich wenigstens keinen Mann mehr suchen, den sie sowieso noch nicht kennt. Und sie muss auch nicht wieder erklären, wie man Wuschels Leine am besten hält.

Der Rest vom Eis schmeckt Emma besonders gut. Wo Paul Emma zum Glück auch nicht küsst. Das macht nur der Verliebte von Amelie, wenn der sie abholen kommt. Emma, Linus und Leo kichern dann immer. Und sie stellen sich vor, wie eklig es ist. Paul legt nicht mal seinen Arm um sie, sondern sitzt einfach nur da.

Als sie ihr Eis gegessen haben, laufen sie wieder los. Sich küssen und Arm-in-Arm-Gehen ist sowieso Quatsch. Hauptsache, Paul heiratet sie später, und sie ihn. Und sie bekommen ungefähr sieben Kinder. Aber das ist geheim. Nicht mal Paul weiß davon. Das weiß nur sie.

3. Kapitel

Eine Squaw

Emma ist so froh, dass sie es fast nicht mehr aushalten kann. Wegen allem. Und weil sie mit Wuschel über die Wiese gerannt sind und sie sich eine Überraschung für Paul ausgedacht hat.

Emma kippt die Schublade mit den Bastelsachen vor sich aus. Dann zieht sie ein Stück Pappe zwischen dem Bastelpapier hervor und malt los. Kann sein, dass man den Hund nicht gleich erkennt. Wo er ein bisschen wie ein verschrumpeltes Schweinchen aussieht. Aber es ist immer noch besser als nichts.

Sorgfältig schneidet Emma den Hund aus und klebt bunte Papierschnipsel darauf. Auch ein Stück Fell. Er bekommt Augen und außerdem Ohren, sonst würde er ja kein Wort verstehen. Und einen Schwanz, mit dem er wackeln kann, wenn er sich freut. Vielleicht bastelt Emma gleich noch eine Wiese für ihn.

Emma rutscht vom Stuhl und stellt sich vor, unter ihr wäre nur ein Seil, über das sie balanciert. Tief unten steht Paul …

Da klopft es plötzlich an ihre Tür.

„Stopp!“, ruft Emma. Hastig schiebt sie den Hund unter ihr Bett. „Ja?“, ruft sie dann. Fast ist sie erleichtert, als die Tür aufgeht und Linus und Leo da stehen.

„Was hast du gemacht?“, fragen sie und betrachten das ganze Bastelzeug auf dem Tisch. „Sag nicht, das ist wieder geheim!“

Sie bauen sich rechts und links von Emma auf. Beide haben sich Federn ins Haar gesteckt und ein bisschen geschminkt.

„Ist es aber“, sagt Emma nur.

Linus und Leo schauen sich an und fassen plötzlich nach ihr. „Du bist gefangen!“

„Und warum?“, empört sich Emma und versucht, sich zu befreien.

„Wir sind Indianer“, sagt Linus und hält sie immer noch fest.

„Wir fesseln dich“, erklärt Leo. „Und dann musst du uns nämlich deine Geheimsachen verraten.“

Sie zerren Emma aus ihrem Zimmer heraus.

Die protestiert. Und kichert. Sie will mal nicht so sein. Schließlich sind Linus und Leo noch klein. Auch wenn sie sich bestimmt nicht festbinden lässt und ihnen auch nichts verrät. Als sie im Zimmer von Linus und Leo ankommen, sagt Emma: „Von mir aus bin ich eure Squaw. Aber nur, wenn ihr macht, was ich will.“

„Das geht aber nicht“, beschwert sich Linus.

„Und außerdem bestimme ich“, erklärt Leo.

„Tust du nicht“, widerspricht Linus.

Emma verschränkt die Arme vor ihrer Brust. „Ich kann ja auch wieder gehen.“

„Nein“, sagt Leo schnell. „Unser Streit ist vorbei.“

Linus nickt. „Und es war doch nicht echt.“

Auf dem Bett liegen Federn. Eine davon steckt sich Emma ins Haar. Sie kommt sich selbst ja schon wie eine Squaw vor. „Wo sind unsere Pferde?“

Kurz darauf reiten sie alle drei los, obwohl da gar keine Pferde sind. Aber Linus, Leo und Emma tun einfach so, als ob.

„Hüah!“, schreien sie, weil die Pferde plötzlich nicht weiterwollen. Irgendwas ist hinter der Tür. Es hört sich an wie Amelie. Dabei reitet die doch wohl nicht. Aber sie ist ziemlich laut.

Emma macht die Zimmertür einen Spalt auf. Manchmal streitet Amelie sich mit Mama. Und sie schreit dann auch. Jetzt sagt sie: „Ich komme, wann ich will.“ Schon rennt sie los und donnert die Haustür hinter sich zu.

Emma bleibt vor Schreck der Mund offen stehen. Amelie ist zwar schon groß, aber noch nicht groß genug, um allein über sich zu bestimmen. Das ruft Mama ihr jedenfalls hinterher.

Emma schluckt. Und sie denkt, dass sie vielleicht nie in die Pubertät, oder wie das noch mal heißt, kommen will.

An diesem Abend ist Emma so nett zu Mama, wie sie nur kann. Nach dem Essen trägt sie sogar freiwillig die Teller in die Küche zurück. Auch Linus und Leo benehmen sich gut.

Erst als Emma im Bett liegt, hört sie Stimmen im Flur. Dann geht eine Tür und endlich … ist da auch Amelie.

Emma atmet auf und zieht sich die Decke über den Kopf. Sie will nichts davon hören, dass Amelie jetzt vielleicht Ärger bekommt. Gleich morgen früh wird sie zu Paul gehen und ihm sagen, dass sie ihre sieben Kinder später aber besser erziehen. Vorher muss sie erst mal schlafen. Damit sie Paul pünktlich zur Schule abholen kann.

4. Kapitel

Arme Luna!

Ausgerechnet an diesem Morgen braucht Emma länger als sonst. Wuschel hat sich quer vor die Tür gelegt und versperrt ihr den Weg.

„Sei lieb!“, stöhnt sie. „Ich muss los. Und ich kann dich nicht mitnehmen. In der Schule sind keine Hunde erlaubt.“

Wuschel guckt Emma an.

„Ich bin bald wieder zurück“, verspricht sie ihm leise. Weil er sich aber immer noch nicht von der Stelle bewegt, steigt sie über ihn weg, drückt sich durch die Tür und rennt los.

„Na endlich!“, ruft Paul, als Emma um die Ecke saust. „Ich dachte schon, du kommst heute nicht mehr.“

„Dann wäre ich ja krank“, schnauft Emma. „Oder tot.“

Sie müssen beide lachen und setzen zusammen ihren Weg fort. Am Pizzaladen vorbei und an der Sparkasse. Vor dem Schmuckladen bleibt Paul plötzlich stehen. „Guck mal!“, sagt er.

Sie drücken ihre Nasen gegen die Schaufensterscheibe. Lauter Diamanten, Ketten und Ringe liegen da.

„Letzte Nacht habe ich was geträumt“, sagt Paul und zieht Emma weiter.

„Und was?“

Paul macht so ein Gesicht. Und er sagt erst mal nichts. Emma wird noch verrückt. „Es kam nämlich auch eine Überraschung in meinem Traum vor“, erklärt er.

„Pfffff“, rutscht es Emma heraus. „Übrigens habe ich auch eine für dich.“ Sie legt den Finger auf den Mund. Dabei platzt sie noch, wenn sie nicht bald erfährt, was für eine Überraschung Paul für sie hat.

Als sie am Schultor angelangt sind, steht Max mit einem Ball da. „Spielst du mit?“, fragt er Paul und tut, als wäre Emma durchsichtig.

„Klar.“ Paul guckt zu ihr hin. Kein bisschen durchsichtig ist sie. Da fliegt Max’ Ball auch schon auf ihn zu. Paul erwischt ihn gerade noch mit seinem Knie. Dann sind auch andere Jungen dabei. Sie spielen und schreien.

Nur Emma steht da. Irgendwo müssen Mia und Nelly doch sein, mit denen sie seilspringen und quasseln kann. Das mit Paul und der Überraschung bleibt sowieso besser geheim. Wo er sie ja auch heiraten will.

Als sie in die Klasse hochgehen, ist Emma immer noch froh. Kurz dreht sie sich zu Paul um und lächelt ihn an.

Der lächelt zurück. Bis Max ihn am Ärmel zieht und er sich wieder wegdreht.

Klar, dass Paul nicht sein Leben lang immer nur nett zu Emma sein kann, sondern sich auch mal um anderes kümmern muss.

Nach der Schule wartet Emma, bis Paul seine Sachen eingepackt hat. Dann gehen sie den ganzen Weg zusammen bis zu Emmas Haus. Diesmal bleiben sie aber nirgendwo stehen. Nicht mal beim Schmuckladen, obwohl der doch so schöne Ketten und Ringe im Schaufenster hat. Später guckt sie vielleicht mal in Mamas Schrank, wo bestimmt noch das Hochzeitskleid hängt.

Emma beißt sich fest auf die Lippe, weil sie die ganze Zeit an die Überraschung von Paul denken muss. Aber sie will auf gar keinen Fall fragen, ob auch Paul daran denkt.

Da fragt er plötzlich: „Hast du heute Nachmittag Zeit?"

„Habe ich", sagt Emma schnell. „Du etwa auch?"

Sie verabreden sich für Punkt drei bei Emma zu Hause. Schließlich steht da ja noch was für Paul. Sein Gesicht will Emma aber mal sehen, wenn er erst den Hund mit Wackelschwanz und sieben Hundebabys entdeckt. Und sie wüsste gern, was für eine Überraschung er für sie hat.

Emma summt vor sich hin, als sie schließlich in ihrem Zimmer sitzt und schneidet und klebt. Da kommt ein klägliches Maunzen aus dem Flur und sie reißt die Tür auf.

Linus, Leo und Mama stehen um Luna herum. Sie hat einen blutigen Kratzer am Kinn. Vielleicht hat die dicke Nachbarskatze sie wieder erwischt. Die drei streicheln Luna, die immer noch maunzt. Auch Wuschel ist da. Manchmal neckt er Luna und rennt hinter ihr her. Jetzt stupst er sie mit seiner feuchten Nase vorsichtig an. Und endlich ist Luna still. Sie lässt sich sogar das Fell von ihm ablecken. Dann kriecht sie tief unter einen Sessel, sodass man nichts mehr von ihr sieht.

5. Kapitel

KLEINE SCHÄTZE VON PAUL

„Psst", macht Emma, als Paul um Punkt drei vor der Tür steht.

Auf leisen Sohlen schleichen sie durch den Flur.

„Was ist denn das?", fragt Paul. Er starrt auf den selbst gebastelten Hund und die sieben Babys, die Emma mitten in ihrem Zimmer aufgebaut hat.

„Siehst du doch." Emma strahlt. „Das ist extra für dich." Sie zeigt ihm, was der Hund mit seinem Wackelschwanz kann. „Weil du Hunde so magst." Tief holt sie noch einmal Luft. „Und weil wir später ja auch sieben Kinder bekommen." Emma sagt das nicht sehr laut.

Paul hat es trotzdem gehört. „Echt?" Er guckt sie so an, dass Emma fast ein bisschen feierlich zumute wird. „Sieben Kinder finde ich gut."

„Also ist es abgemacht?", fragt Emma.

Paul nickt. Dann sagt er: „Mach mal die Augen zu!"

Emma vergisst fast zu atmen. Sie kneift die Augen fest zu. So fest, dass es schon beinahe wehtut. Weil sie doch auf gar keinen Fall schummeln will.

„Gib mir mal die Hand", hört sie Paul.

Blind streckt sie die Hand nach ihm aus, jedenfalls dahin, wo er ungefähr stehen muss.

Es dauert einen Moment, dann hält Paul sie fest. „Ich hab was für dich, worauf du gut aufpassen musst."

Emmas Herz klopft ganz schnell.

„Und was dir Glück bringen soll. Wo wir ja auch heiraten und sieben Kinder kriegen, wenn wir größer sind."

Emma nickt. Und dann fühlt sie etwas, was Paul ihr in die Hand gelegt hat.

„Augen auf!", sagt er.

Emma guckt. Allein schon der Glitzerbeutel ist total schön. Vorsichtig löst sie die Schnüre. Lauter kleine Edelsteine sind darin. Und ein Anhänger aus Gold. Wenn man ihn genau anguckt, sieht man das kleine Herz.

Emma schluckt. Nie im Leben hätte sie gedacht, dass Paul ihr so etwas schenkt. Wo er sich aus goldenen Anhängern vielleicht gar nichts macht.

„Sind die Edelsteine denn echt?", fragt sie leise.

„So ungefähr", murmelt er.

Emma würde am liebsten auf der Stelle zu Mama, Linus und Leo laufen, um ihnen alles zu zeigen. Aber das ist ja geheim. Und so rührt sie sich nicht vom Fleck. „Danke", sagt sie und sieht Paul kurz an. „Von mir aus ist es für immer."

„Von mir aus ja auch", sagt Paul.

Mit einem lauten Seufzer plumpst Emma aufs Bett. Paul plumpst gleich neben sie.

Sie wippen auf der Kante herum. Dann fällt Emma ein, dass man auf dem Bett auch herumhopsen kann. An Mama denkt sie dabei lieber nicht. Mama ist manchmal so streng. Aber sie sieht es ja nicht. Papa ist sowieso im Büro.

Schnell schiebt Emma den kleinen Glitzerbeutel mit den Schätzen von Paul in die unterste Schublade ihrer Kommode. Ganz hinten rein.

Sie springen und hopsen wie die Verrückten. Da kracht etwas ein, und zwar Emmas Bett. Es ist ziemlich laut. Das hat bestimmt auch Mama gehört. Schon geht die Tür auf und sie steht da. „Was ist denn das?“, ruft sie, als sie sieht, was mit Emmas Bett passiert ist.

Linus und Leo drängeln sich hinter ihr durch die Tür. „Ach du heiliger Schreck!“, stöhnen sie und tun ja schon so, als würde die Welt untergehen. Dabei ist das Bett ziemlich alt. Emma hätte sowieso gern ein neues. Da passt es doch gut.

„Es ist auf einmal passiert“, murmelt Emma jetzt. Sie steigt aus dem, was von ihrem Bett übrig geblieben ist. „Ich weiß auch nicht, wieso.“ Sie guckt kurz zu Paul hin.

Der nickt und guckt gleich wieder weg.

„Ah“, sagt Mama nur. „Und ihr habt nichts damit zu tun?“

„Nicht direkt.“ Emma spricht so leise, dass man sie fast nicht versteht. „Aber wir reparieren es vielleicht.“

Mama schüttelt den Kopf. Dann geht sie. Linus und Leo bleiben noch einen Moment stehen. „Tsss“, sagen sie. Dann gehen sie auch.

Emma und Paul zerren an der Matratze herum. Aber sie geben es bald wieder auf. Lieber warten sie, bis Papa von der Arbeit nach Hause kommt. Der hilft ihnen bestimmt.

„Blöd", sagt Paul, als Papa um kurz vor sechs immer noch nicht zurück ist. Er packt Emmas selbst gebastelten Hund und die sieben Babys in einen Karton. „Ich darf nicht länger. Morgen bringe ich meinen Werkzeugkasten mal mit." Er zieht die Tür hinter sich zu und geht.

Emma nickt, obwohl Paul das nicht mehr sieht. Aber bestimmt merkt er es auch so. Weil neuerdings etwas mit ihnen ist. Und wo Emma von Paul noch was hat. Es glitzert und ist tausendmal mehr wert als ein Bett, das eingekracht ist. Wenn es sein muss, kann Emma auf dem Boden schlafen. Oder im Bad. Vielleicht kriecht sie einfach zu Linus und Leo unter die Decke. Oder Wuschel lässt sie in sein Körbchen. Weil er die ganze Zeit vor dem Sessel liegt und die Katze bewacht, die er gern mag. Emma mag Paul. Und zur Feier des Tages ist sie mit ihm gehopst. Da ist es passiert. Was kann sie denn dafür, dass das wieder mal keiner versteht?

6. Kapitel

HEJA, HEJA, HEJA!

Papa ist der beste Holzzusammenkleber, den es auf der Welt gibt. Jedenfalls ist Emmas Bett irgendwann fast wie neu. Linus und Leo wollen später auch so was werden wie er. Emma will das nicht unbedingt, schließlich hat sie schon was ganz anderes vor. Zusammen mit Paul. Und sie ist erst mal nur froh, dass sie sich wieder unter ihre Decke kuscheln kann.

Papa hat zum Glück auch nur ein bisschen geschimpft. Nicht sehr. Jetzt ist Emma jedenfalls müde und schläft sofort ein.

Als sie wach wird, zieht sie sich in Blitzgeschwindigkeit an. Weil sie Paul pünktlich abholen will. Bestimmt lacht er, wenn sie ihm erzählt, dass sie von lauter Edelsteinen geträumt hat. Paul lacht schließlich gern.

Emma rennt bis zur Ecke. Dann bleibt sie stehen. Von Weitem kann sie Max und zwei andere Jungen sehen. Ja, aber … Hat Max etwa wieder einen Ball dabei? Und warum steht er mit den beiden Jungen vor Pauls Haus? Doch wohl nicht, um Paul abzuholen! Das hat Emma schon vor!

Sie will losrennen und dabei laut rufen: „Geht weg!“ Weil Paul ihr Sachen geschenkt hat. Und sie ihm. Aber das ist geheim. Und deswegen rennt Emma nicht und ruft kein einziges Wort. Max und die anderen würden sowieso nichts verstehen. Die würden vielleicht sogar lachen und blöde Sachen zu ihr sagen. Wo Emma ein Mädchen ist und nicht ins Stadion geht, so wie Paul. Schon ein paarmal hat er ihr davon erzählt. Dabei will sie es auch. Emma holt Luft. Noch heute Abend wird sie Papa fragen, ob er mit ihr hingeht. Weil sie nämlich Ahnung von Fußball hat.

Emma drückt sich hinter einen dicken Baum. Da sieht sie, wie Paul zur Tür herauskommt. Sie klatschen sich alle vier ab. Als würden sie sich schon lange kennen. Emma schluckt. Aber doch wohl nicht so lange wie Paul und sie!

Nach allen Seiten schaut Paul sich jetzt um.

Wenn er sie bloß nicht entdeckt! Der glaubt vielleicht sonst noch, sie spioniere ihm nach. Oder

sie traue sich nicht bis zu ihm. Nur weil ein paar Jungen bei ihm sind.

Noch einmal blickt Paul sich um. Dann geht er mit den anderen los.

Emma schaut hinterher, bis er um die Ecke gebogen ist. Sie kaut auf ihrer Lippe und läuft das letzte Stück bis zur Schule allein.

Auf dem Schulhof warten Mia und Nelly. Emma hüpft mit ihnen. Und sie gehen zusammen hoch in die Klasse. Paul steht mit Max und den anderen Jungen da. Einmal guckt er rüber zu ihr. Emma guckt auch zu ihm, aber dann schnell wieder weg.

Wo Max gerade angeschlichen kommt und Nelly an den Haaren zieht. „Mädchen sind doof!“, ruft er. „Mit denen spielen wir nicht.“

„Pff“, machen Nelly, Mia und Emma. Dabei hat niemand die Jungen danach gefragt. Und außerdem sind sie selber doof. Außer Paul. Aber davon sagt Emma nichts.

„Spielen wir in der Pause wieder Fußball?“, ruft Max den anderen zu.

„Was denn sonst?“, rufen die zurück. Auch vom Stadion rufen sie was. Und dass sie am Samstag zusammen hingehen.

Emma setzt sich an ihren Platz. Sie will nicht hören, wie einer dann auch noch ein Anfeuerungslied anstimmt.

„Heja, heja, heja!“

Emma findet es sowieso viel zu laut.

Still wird es erst wieder, als Frau Liebmann in die Klasse kommt und mit dem Unterricht anfängt.

Sie rechnen. Später lesen sie ein Gedicht. Es handelt von der Sonne und vom Mond, die sich viel zu selten sehen. Trotzdem sind sie Freunde.

Als die Schule an diesem Tag aus ist, packt Emma ihr Lesebuch ein. Sie sucht nach ihrer Jacke.

Da stürmen Paul, Max und die anderen Jungen an ihr vorbei. Und Emma hört, wie es durchs ganze Treppenhaus schallt: „Heja, heja, heja!“

„Pff“, macht Emma nur. Jungen sind eben so. Bis auf Paul, der ist ihr Freund. Ein bisschen hofft Emma sogar, dass Paul unten auf dem Schulhof steht und auf sie wartet. Normalerweise gehen sie ja zusammen nach Hause. Aber Emma muss noch aufs Klo. Mia und Nelly müssen auch. Und als sie endlich auf dem Schulhof ankommen, ist Paul schon weg.

Emma schaut sich nach ihm um. Vielleicht hat er sich nur versteckt. Außerdem müssen sie nicht unbedingt zusammen gehen. Schließlich sind da noch Mia und Nelly.

Sie haken sich alle drei ein und machen sich auf dem Bürgersteig breit, sodass niemand vorbeikommt. An der Ecke, wo ihre Wege sich trennen, fallen sie sich um den Hals. „Morgen hüpfen wir wieder", versprechen sie sich. „Oder wir springen seil."

An diesem Mittag lässt Emma sich viel Zeit. Sie schaut einem Hund hinterher, der ein bisschen wie Wuschel aussieht. Dann fährt ein Junge mit seinem Fahrrad freihändig an ihr vorbei. „Fußball", murmelt sie. „Ist sowieso was für Babys."

Als sie an Pauls Haus vorbeikommt, guckt sie beinahe nicht hin. Sie schiebt die Hände in die Hosentaschen. Bis zu sich nach Hause hat sie es zum Glück nicht mehr weit.

Leo macht ihr die Tür auf. „Rat, was es gibt!" Er ist rot verschmiert um den Mund.

Emma stellt ihre Schultasche ab. Zum Raten hat sie keine Lust. Aber immerhin hat sie Hunger. Und so sitzt sie bald mit den anderen am Tisch und alles ist fast wie immer.

„Triffst du dich heute wieder mit Paul?", fragt Mama, als Emma sich nach dem Essen nicht gleich verzieht.

„Ja. Das heißt: nein", stammelt sie und dreht sich lieber um. Ihre Hausaufgaben sind ja noch nicht gemacht. Außerdem hat sie in ihrem Zimmer wenigstens Ruhe.

Der Einzige, der sie stören darf, ist Wuschel. Der kratzt plötzlich mit seiner Pfote an ihrer Tür.

Emma lässt ihn rein. Wo sie sonst vielleicht niemanden mehr hat. Wuschel macht es sich vor ihren Füßen bequem, während sie zehn Sätze in ihr Schreibheft schreibt.

„Und was machen wir jetzt?“, fragt Emma und seufzt, weil sie von Wuschel natürlich keine Antwort bekommt.

Emma wüsste schon was. Ganz sicher ist sie sich nicht. Wo Paul wahrscheinlich sowieso längst was anderes vorhat. Und außerdem war es ja blöd, dass er mit Max und den anderen losgegangen ist. Nicht mal gewartet hat er auf sie.

Irgendwann rutscht Emma vom Stuhl. Vielleicht geht sie nie wieder zu Paul, wenn er nicht zu ihr kommt. Wo sie den Glitzerbeutel ja auch tief in die unterste Schublade der Kommode geschoben hat.

Vor dem Zimmer von Linus und Leo bleibt Emma stehen. Wozu hat sie eigentlich Brüder? Sie klopft kurz und drückt sich durch die Tür. „Spielen wir was?“

Die beiden schauen sie an.

Und dann spielen sie wie schon lange nicht mehr. Sie vergessen alles um sich herum.

Erst am Abend fällt ihnen wieder ein, wo sie sind. Emmas Laune ist gut. Morgen ist hoffentlich wieder einer nett zu ihr, der Paul heißt und den sie mag. Egal, ob er mit den anderen Jungen Fußball spielt oder nicht. Immerhin ist Paul Emmas Freund. Für ewig und immer.

7. Kapitel

ALLES GEHT SCHIEF

Schon in der Nacht hat Emma so komische Bauchschmerzen gehabt. Am Morgen waren sie immer noch da. Und jetzt, wo der Morgen vorbei und Emma nicht mehr in der Schule, sondern wieder zu Hause ist, tut ihr alles weh. Auch der Kopf und die Füße und Zehen. Überhaupt wünscht Emma sich weit weg von hier. Zum Beispiel ans andere Ende der Welt. Wo kein Paul mehr ist. Und kein blödes Fußballtor. Wo nur die Sonne scheint und man an gar nichts denken muss.

Emma drückt die Augen fest zu und zählt leise bis drei. Dann öffnet sie die Augen wieder. Aber sie sitzt immer noch da. Alles ist so, wie es vorher schon war. Der Regen klatscht gegen die Scheibe. Nebenan toben Linus und Leo.

Emma zieht die Nase hoch. Den ganzen Tag ist ihr schon nach Heulen zumute. „Geh woandershin“, murmelt sie, als Luna auf ihren Schoß kriechen will, und schubst sie weg. „Bei mir ist kein Platz.“

Wuschel versucht es gar nicht erst. Der hat es sich längst auf dem Wohnzimmerteppich gemütlich ge-

FUSS BALL

macht und schläft. Wo er ja auch keinen Grund hat, traurig oder wütend zu sein.

Emma ist alles zugleich. Heute Morgen auf dem Schulhof hat Paul nämlich zu ihr gesagt: „Ich bin nicht mehr dein Freund." Ganz kurz hat er sie nur angeguckt. Dann hat er noch irgendwas von seinem Fußball gesagt. Und dass er für all den anderen Quatsch keine Zeit mehr hat. Auch nicht für sie. Und Max, der dabeistand, hat blöde gegrinst.

Emma hat gar nichts zu sagen gewusst. Erst als Paul und Max schon ein Stück weg waren, hat sie gerufen: „Ich balanciere sowieso viel lieber über ein Seil!"

Max hat so getan, als läge da eins. Und er ist mit wackligen Hüften stolziert. Dazu haben alle Jungen gelacht. Auch Paul. Emma hat es genau gesehen. Und gehört.

Dabei darf man nicht wackeln, wenn man über ein Seil balanciert. Sonst fällt man. Aber davon verstehen die Jungen wohl nichts. Die denken ja auch, Fußball wäre nur was für sie. Paul ist eben doof. Max sowieso.

Emma lässt sich auf ihr Bett zurückfallen. Wer weiß, wie lange es dauert, bis sie vor lauter Traurigkeit ohnmächtig wird. Emma würde gern probieren, wie es wäre, wenn sie nur daliegt und alle ganz lieb zu ihr sind. Vielleicht würden sie Paul sogar holen. Der würde Emma tragen. Und sie könnte sich freuen. Weil Paul sie dann auch wieder heiraten will …

Emma rutscht von ihrem Bett. Wenigstens Wuschel hat sie ja noch. Und Luna. Und Linus und Leo und alle hier. Da braucht sie Paul eigentlich gar nicht mehr. Emma braucht nur noch ein Balancierseil und einen Baum. Wo sie wahrscheinlich auch nie heiraten will.

Emma reißt die Schranktür auf und drückt sie schnell wieder zu. Alles ist so voll und unordentlich. Außerdem gibt es bei Amelie einen viel größeren Schrank. Vielleicht findet Emma darin, was sie sucht.

Sie huscht durch den Flur und bleibt vor Amelies Zimmertür stehen. Alles ist still.

Sachte drückt Emma die Klinke und schiebt sich durch die Tür. Dann steht sie da. Schaut sich um. Überall liegen Sachen. Auf dem Schminktisch entdeckt sie einen Lippenstift, den probiert sie kurz aus. Nur leider kriegt sie es nicht so gut hin.

Emma stöhnt. Da sieht sie ein Glitzerfläschchen und zieht am Verschluss. Flüssigkeit läuft heraus und tropft auf den Boden, wo so eine Art Heft von Amelie liegt, das leider auch etwas von dem Glitzerzeug abkriegt.

Emmas Herz schlägt ganz schnell. Sie sucht nach einem Taschentuch. Aber das Glitzerzeug geht irgendwie nicht mehr ab. Weder vom Heft noch vom Teppichboden. Und überhaupt. Emma schleicht wieder raus, zieht die Tür leise hinter sich zu. Zum Glück ist niemand da, der ihr Fragen stellen kann, auf die sie gerade keine Antworten hat.

Erst als sie schon längst wieder in ihrem Zimmer sitzt, gibt es Geschrei. Weil Amelie nach Hause gekommen ist und gleich gemerkt hat, dass da was nicht stimmt. Sie schreit und tobt, als wäre sonst was passiert.

Emma tut, als hätte sie nichts weiter damit zu tun. Bis Amelie direkt vor ihr steht und wissen will, was Emma an ihren Sachen zu suchen hat.

„Nichts“, stammelt sie da nur kleinlaut und heult auch schon los. Weil sie es doch nicht mit Absicht gemacht hat. Aber Amelie hat kein Mitleid mit ihr. Nicht mal Mama, die jetzt noch dazugeholt wird. Sie schimpft mit ihr wie beinahe noch nie.

Emma hört mit der Heulerei gar nicht mehr auf. Auch nicht, als Wuschel ankommt und nicht wieder geht.

Rums – fliegt die Tür zu und einen Augenblick steht Emma da. Dann macht sie die Tür noch mal einen Spalt weit auf und sagt so leise, dass nur Wuschel es hört: „Komm schon rein!“

8. Kapitel

DER LIEBSTE HUND DER WELT

Seit einer halben Ewigkeit ist Emma in ihrem Zimmer. Vielleicht geht sie nie wieder raus. Wuschel sitzt schon die ganze Zeit da und guckt sie so an.

„Was ist?“, fragt Emma. Dabei ist Wuschel ein Hund, der ihr nicht antworten kann. Auf einmal bekommt Emma Mitleid mit ihm. Und sie überlegt, ob sie nicht wenigstens wieder nett zu Wuschel sein kann.

„Na, dann komm!“, sagt sie und reißt die Tür auf. Wuschel bellt wie verrückt und springt an ihr hoch.

Kurz darauf sind sie draußen. Wuschel stupst Emma an. Dann läuft er los. Emma weiß gar nicht, wohin. Im Gegensatz zu Wuschel, der es eilig hat. Um zwei Ecken führt er sie. Bis sie beim Park sind, neben dem gleich der Fußballplatz liegt.

„Nein“, murmelt Emma. Wuschel glaubt vielleicht, dass Paul auf sie wartet und wieder mit ihnen kommt. „Paul hat keine Zeit mehr für uns. Außerdem hat er jetzt andere Freunde und braucht uns nicht mehr.“ Emma beißt sich auf die Lippe. „Wir ihn aber auch nicht. Wir haben ja uns.“

Wuschel hält einen Moment still. Vielleicht versteht er ja doch was, denkt Emma. Da zieht er wieder los. Zieht auf einmal so fest an der Leine, dass Emma fast fällt. „Platz!“, keucht sie. Aber Wuschel läuft weiter und Emma läuft mit, weil sie nicht anders kann. Bis der Fußballplatz vor ihnen auftaucht. Emmas Herz schlägt plötzlich schnell.

Und dann sieht sie Paul. Er springt vor dem Tor herum und ist nicht mehr ihr Freund. Max und ein paar andere Jungen sind auch da. Ein Ball fliegt durch die Luft.

Emma bleibt stehen. Wuschel jault leise auf.

„Ist ja gut“, murmelt Emma und streichelt sein zotteliges Fell. „Hauptsache, du bist mein Freund.“ Sie will sich gerade umdrehen und gehen, da hebt Paul den Kopf und schaut zu ihnen rüber.

„Komm!“, sagt Emma leise zu Wuschel. „Wir gehen wieder nach Hause.“

Diesmal gehorcht er aufs Wort. Den ganzen Weg vom Fußballplatz zurück trabt Wuschel neben Emma her. Kein einziges Mal bleibt er stehen. Und er bellt auch nicht.

Als sie bei der Haustür sind, drückt er seine Schnauze an Emmas Bein. Und er folgt ihr an Linus und Leo vorbei durch den Flur bis ins Zimmer.

Emma wühlt im Abfalleimer, weil unten drin etwas liegt. Sie hat geglaubt, dass sie es sowieso nicht mehr braucht. Ganz vielleicht braucht sie es aber doch noch mal kurz. So einen Glitzerbeutel mit Edelsteinen und einem Anhänger aus Gold bekommt ja auch nicht jeder geschenkt.

Sie fischt ihn zwischen all den Sachen heraus und macht ihn vorsichtig auf. Guckt kurz mal rein. Dann macht sie

ihn wieder zu. Und sie schiebt ihn zwischen die Puppen, mit denen sie im Moment sowieso nicht oft spielt.

Als es abends Pfannkuchen gibt, ist von der Traurigkeit fast nichts mehr da. Emma isst dreieinhalb Stück. Sie redet und lacht und ist froh, dass niemand böse auf sie ist. Wo Papa auch noch sagt, dass er ihre Hilfe gebrauchen kann.

Emma kommt sich sehr wichtig vor, als sie ihm schließlich durch den Flur in sein Arbeitszimmer folgt.

„Versprichst du mir, dass niemand davon erfährt?“, beginnt er und schaut sie fest an.

Emma nickt. Vor lauter Aufregung hat sie kaum noch Spucke im Mund.

Papa sagt was vom Schmuckladen, in den er sie mitnehmen will. Weil morgen Mamas und Papas Hochzeitstag ist und er einen guten Rat von Emma braucht.

Emma sitzt einen Augenblick da. Dann holt sie tief Luft und fragt leise: „Aber ein Anhänger aus Gold muss es nicht unbedingt sein, oder?“

Papa lächelt. „Ich sehe, du verstehst was davon.“

Sie verabreden sich für den nächsten Nachmittag. Und als sie Papas Arbeitszimmer verlässt, behält Emma alles für sich. Obwohl Linus und Leo natürlich wissen wollen, warum sie so geheimtut.

„Wieso denn geheim?“, fragt Emma nur. Sie fühlt sich gut wie schon lange nicht mehr. Auch wegen Wuschel, der jetzt wieder hinter ihr hertrabt. Schade, dass

fix

man einen Hund nicht heiraten kann, denkt Emma. Dafür kann man ihn streicheln, bevor man ins Bett geht. Und ihm lauter Sachen ins Ohr flüstern, die er bestimmt nicht verrät.

9. Kapitel

IST JA SCHON GUT!

Emma kann es kaum erwarten, dass es endlich wieder Nachmittag ist und sie mit Papa zum Schmuckladen losgeht. Kein Wort hat sie darüber zu irgendjemand gesagt. Und schon mal gar nicht zu Paul, mit dem sie sowieso nicht mehr spricht. Dabei hat sie vor Kurzem noch mit ihm vor dem Schaufenster des Schmuckladens gestanden und sich die Nase platt gedrückt.

Jetzt gehen sie rein und schauen sich jede Menge Ringe an, die die Verkäuferin vor ihnen ausbreitet.

„Und?", fragt Papa. „Denkst du, da ist das Richtige für Mama dabei?"

Emma weiß nicht, was sie denkt. Aber es ist jedenfalls schön. Weil Papa sie höchstpersönlich nach ihrer Meinung fragt. Sie ist ja auch bald eine Frau und kennt sich mit so etwas aus.

Große und kleine Ringe schauen sie sich an und wählen den schönsten von allen aus.

Die Verkäuferin packt ihn ein und bindet eine Schleife darum. Emma schaut zu. Vielleicht hätte sie das Geschenk von Papa auch gern bekommen. Dabei ist sie nicht Papas Frau. Emma heiratet wahrscheinlich sowieso nie.

Sie laufen die Straße entlang. Zum Glück kommen sie nicht bei Paul vorbei und Papa fragt Emma auch nicht.

Stattdessen kauft er noch einen Riesenstrauß Blumen. Den überreicht er schließlich Mama, weil heute ja ihr Hochzeitstag ist. Dann gibt Papa ihr den Ring, den Mama langsam über ihren Finger schiebt.

Emma seufzt. Vielleicht könnte sie den goldenen Herzchenanhänger von Paul demnächst auch mal tragen. Fest beißt sie sich auf die Lippe. Sie mag Paul immer noch. Und sie vermisst ihn. Aber das verrät sie ihm nicht. Das verrät Emma niemandem. Nicht einmal Wuschel, der Paul bestimmt auch ein kleines bisschen vermisst.

Emma rutscht von ihrem Stuhl. Sie will noch mal los. Raus. Und am besten gleich über ein dickes Seil balancieren. Sie rennt das Stück bis zum Spielplatz mit dem Kletterschiff und ist noch ganz außer Atem, als sie oben steht und ihre Kunststücke übt.

Da sieht sie Paul. Obwohl sie nur halb guckt und sich wieder dreht und dabei ein Bein hebt. Sie streckt es weit von sich weg. Und dann … wackelt das Seil plötzlich so. Emma schwankt. Ihr weggestrecktes Bein und alles schwankt mit … Emma rutscht ab. Zum Glück ist es bis zum Boden nicht tief. Immerhin aber so tief, dass sie einen Augenblick denkt, sie würde ohn-

mächtig. Emma schlägt mit den Knien auf. Es brennt. Und dann ist da noch Blut.

Tränen schießen ihr in die Augen. Fremde Kinder stehen um sie herum. Auch Paul kommt jetzt an. Emma kann seine Schuhe sehen, denn natürlich guckt sie nicht zu ihm hin. Und sie sagt auch nichts, als er sich zu ihr herunterbeugt und fragt: „Hast du dir wehgetan?“

Klar, was denn sonst? Emma kämpft gegen die Tränen an. Heulen will sie auf gar keinen Fall. Sie rappelt sich wieder hoch. „Ist nichts passiert“, sagt sie, auch wenn sie sich ein bisschen wackelig auf den Beinen fühlt. Dann humpelt sie los.

Paul läuft ein Stück neben ihr her. „Ich stütze dich, wenn du willst“, sagt er.

Aber Emma kann das allein. Paul muss nicht denken, dass sie ihn noch braucht.

Als sie nach Hause kommt, öffnen ihr Linus und Leo die Tür. Sie haben ihre Königsgewänder an und tragen Kronen. „Ha!“, rufen sie. „In den Kerker mit dir!“

Aber Emma geht in keinen Kerker. Ihre Knie bluten. Und zu allem Überfluss hat Paul auch noch gesehen, wie sie vom Seil gefallen ist. Dabei ist Paul ihr egal.

Plötzlich schluchzt sie auf. So laut, dass selbst Linus und Leo erschrecken.

„War doch nur Spaß“, sagt Linus schnell. „Wenn du willst, bist du auch wieder unsere Squaw.“

Emma hört gar nicht hin. Und sie sagt kein Wort, weil sie gar nicht kann. Sie heult und heult.

Da kommt Amelie aus ihrem Zimmer. Zum Glück meckert sie nicht gleich wieder über den Krach. „Emma!“, sagt sie nur. „Was ist denn passiert?“

„Nichts“, schluchzt Emma.

„Komm mal her“, sagt Amelie leise. Sie breitet ihre Arme aus und Emma drückt sich an sie. Immer noch heult sie und schluchzt. Und sie ruft zwischendurch irgendwas von Paul, der sie nie wieder trösten darf. Amelies Schulter ist bald ganz nass. Amelie ist das egal. Sie streicht Emma sanft über den Kopf. „Ist ja schon gut!“, sagt sie und hält Emma fest. „Wir brauchen ein Pflaster für dich. Und deinen Freund Paul schießen wir am besten zum Mond.“

Einen Moment ist Emma still. Sie stellt sich vor, wie Paul auf einer Rakete durchs Weltall fliegt. Plötzlich kichert sie los.

Linus und Leo gucken ganz verdutzt und glauben vielleicht, Emma heule gleich wieder. Aber dann können auch sie sich nicht mehr halten vor Lachen. Und sie rufen vergnügt: „Zum Mond schießen wir ihn! Yippieyeah!“

Amelie holt Pflaster und Wundspray. Es brennt, als sie sprüht. Und es wird kurz kalt an den Knien, aber dann ist es vorbei. Auf jedem Knie klebt ein riesiges Pflaster.

„Gut gemacht“, sagt Amelie und holt zum Trost auch noch Eis aus der Truhe. Emma fragt lieber nicht, ob sie das darf.

Bald sitzen sie alle vier da und lecken.

Manchmal ist es vielleicht gar nicht so schlimm, wenn man vom Balancierseil fällt und sich die Knie aufschlägt. Solange man eine Schwester wie Amelie hat, die lieb zu einem ist. Und die vielleicht sogar hellsehen kann. Ein bisschen kommt es Emma so vor. Später, als Linus und Leo schon wieder in ihren Gemächern verschwunden sind. Da fragt Amelie Emma nämlich noch mal nach Paul. Und ob der sie wirklich nie wieder trösten darf.

„Natürlich nicht“, murmelt Emma.

„Also doch“, sagt Amelie. Und sie fragt Emma weiter aus.

Emma wird schon ganz schwindelig im Bauch.

„Kenn ich.“ Amelie seufzt, als Emma ihr vom Fußball und allem erzählt. Und wie blöd Max gegrinst hat. Emma macht es Amelie sogar kurz vor. Dann fängt sie noch von Wuschel an, der sie bis zum Fußballplatz gezogen hat.

„Ist das wahr?“ Amelie ruft gleich nach Wuschel, der auch brav kommt. „So ein lieber Hund bist du“, murmelt sie und streichelt ihm übers Fell. Dass Amelie so nett sein kann, hätte Emma auch nicht gedacht. Und alles nur wegen ihren Knien. Und wegen dem Seil. Und weil Paul gesagt hat, dass er sie stützen kann.

Emma und Amelie sitzen noch eine ganze Weile da und reden. Dazu läuft Musik, die Amelie aufgelegt hat. Emma fühlt sich schon fast so groß wie ihre Schwester.

„Kann es sein, dass du Paul immer noch magst?“, fragt Amelie irgendwann.

Emma starrt Amelie an. „Quatsch!“, will sie sagen. Aber aus ihr heraus kommt kein einziger Ton.

Dafür redet Amelie weiter: „Jungen sind manchmal so. Irgendwann hört es auf, dann sind sie wieder normal. Und eigentlich ist Paul doch nett.“

Emma sitzt immer noch da und sagt nichts. Insgeheim hat sie sich das auch schon überlegt. Wo Paul vor Kurzem erst zu ihr gesagt hat, dass er sie heiraten will. Einer von ihnen muss dann wohl der Klügere sein. Wenn Paul also noch mal zu ihr kommt und sie stützen will, lehnt sie nicht gleich ab. Wenn es sein muss, darf er sie auch tragen. Emma steckt sogar den Spitzer ein, den Amelie ihr in die Hand drückt. Er sieht wie ein Fußball aus. „Vielleicht mag Paul ihn ja“, sagt Amelie.

Fast fühlt Emma sich wieder gut. Schon wegen den Pflastern auf ihren Knien. Und weil sie doch nicht verblutet ist und einen Rat von Amelie bekommen hat. Und einen Spitzer. Über den freut Paul sich bestimmt. Wenn Emma ihm den Spitzer tatsächlich gibt. Morgen. Oder übermorgen. Wenn Paul ihr das nächste Mal über den Weg läuft und nicht wieder blöd zu ihr ist …

10. Kapitel

EMMA HAT EINEN PLAN

Den ganzen Morgen schon lacht Emma und hüpft. Erstens ist heute Samstag und sie hat schulfrei. Zweitens hat sie noch immer dicke Pflaster auf ihren Knien. Jeder bekommt sie zu sehen. Und Emma erzählt, wie es war, als sie vom Seil gefallen ist. Von Paul, der gleich angelaufen kam, sagt Emma nichts. Auch nicht davon, wie lieb Amelie zu ihr war. Manches kann man nicht sagen. Obwohl man sich sogar was vorgenommen hat.

Nur Luna und Wuschel flüstert sie ihr Geheimnis ins Ohr. Wuschel wedelt wie verrückt mit dem Schwanz. Und er drückt Emma immer wieder seinen Kopf gegen ihr Bein.

„Wer flüstert, der lügt“, sagen Linus und Leo und bauen sich vor Emma auf. „Dürfen wir mal erfahren, worum es überhaupt geht?“

„Hm“, macht Emma nur. Weil sie ja nicht mal selbst weiß, ob aus ihrem Plan etwas wird.

Wuschel bellt wie verrückt, als Emma die Leine vom Haken nimmt. Amelie lacht und sagt: „Da wird sich wohl jemand freuen.“

Emma wird rot. Sie stammelt und murmelt, dass Wuschel dringend sein Bein heben muss. Zu Hause darf er das ja nicht.

„Pff", machen Linus und Leo. „Wir wollen auch mit!"

„Das geht aber nicht", erklärt Amelie. „Weil eure Schwester noch was zu erledigen hat." Sanft schiebt sie Emma und Wuschel zur Tür.

Linus und Leo schimpfen.

Emma prüft, ob sie den Spitzer auch bestimmt eingesteckt hat. Vielleicht, vielleicht bringt sie ihn jemandem, den sie immer noch mag. Und von dem sie weiß, dass er für sein Leben gern Fußball spielt.

Ihr Herz schlägt ein bisschen schneller, als sie mit Wuschel losgeht. Obwohl … Vielleicht lässt sie es doch besser sein. Wo es ja immer noch Nelly und Mia gibt und sie auch Wuschel noch hat. Einen besseren Freund als ihn findet sie auf der ganzen Welt nicht mehr.

Emma bleibt stehen, weil auch Wuschel stehen bleibt. Ein kleiner, dicker Hund ist daran schuld, den er jetzt beschnuppert. Kurz knurren die beiden sich an. Bis Emma ruft: „Aus!" Sie zieht an der Leine. „Was machst du denn da?"

Wuschel sträubt sich ein bisschen. Dann trabt er wieder brav neben ihr her. Um die Ecke herum. Pauls Haus ist schon zu sehen. Emmas Herz klopft. Wie schwer ihre Füße auf einmal sind. Auch in ihrem Kopf ist alles komisch. Dabei ist Paul vielleicht gar nicht zu Hause.

Als Emma vor der Tür steht, wandert ihre Hand gleich zur Klingel. Sie drückt. Dann wartet sie. Hört drinnen Schritte. Die Tür geht auf und … Paul steht vor ihr. „Du?“, fragt er und starrt sie ungläubig an.

„Ja, ich“, murmelt Emma. Etwas anderes fällt ihr nicht ein. Sie sucht in der Tasche nach dem Spitzer, der wie ein Fußball aussieht. Schnell sagt sie, was sie sich zurechtgelegt hat: „Es ist auch nur wegen meinen Knien. Und weil ich so geblutet habe und du nett zu mir warst.“ Dann überreicht sie Paul den Spitzer. Aber sie

wartet nicht darauf, was er dazu sagt. Sie dreht sich um und zieht Wuschel hinter sich her. „Komm!“, ruft sie und bricht fast in Tränen aus, weil sie Paul vermisst. Und weil sie nicht will, dass er blöd zu ihr ist.

„Danke, Emma!“, hört sie Paul noch rufen. „Der Spitzer ist cool.“

Emma rennt mit Wuschel los. Bis zur großen Wiese rennen sie. Und noch ein Stück. Emma wirft Stöckchen für Wuschel. Der jagt hinterher und bringt sie ihr zurück. „Braver Wuschel“, sagt sie und streichelt ihm übers Fell.

Sie brauchen lange, bis sie wieder nach Hause gehen. Schon von Weitem sieht Emma, dass vor der Tür jemand steht.

„Ich dachte … ich wollte … Jedenfalls …“ Paul tritt von einem Bein auf das andere. „Danke noch mal.“

„Für den Spitzer?“ Emmas Herz schlägt ganz schnell.

Paul nickt. „Und übrigens …“ Er kratzt sich am Arm.

Da geht die Tür plötzlich auf. Linus und Leo schieben neugierig ihre Nasen heraus. „Paul wollte nicht rein!“, rufen sie. „Wir haben keine Ahnung, warum.“

„Ich war eben blöd“, murmelt der und guckt Emma kurz an. „Auch wegen Max. Und … gemein.“ Das Letzte sagt er so leise, dass Emma ihn fast nicht versteht. „Aber wenn …“ Er druckst. „Also jedenfalls … Von mir aus bin ich wieder dein Freund.“

Emma steht einen Moment still da. Auf einmal ist alles gut. Wuschel stupst sie mit seiner feuchten Nase an. Dann drückt er sich an Paul.

„Ich kann's mir ja mal überlegen“, sagt Emma leise.

Paul nickt. „Ist gut.“ Er zieht wieder los.

Emma blickt ihm noch nach, bevor sie an Linus und Leo vorbei durch die Tür huscht.

„Und was ist jetzt?“, fragen sie.

Emma sagt nichts dazu. Dabei fragen Linus und Leo noch hundertmal. Selbst als sie schon beim Abendessen sind.

Emma beißt in ihr Brot. Ehrlich gesagt weiß sie es längst. Das mit Paul. Und dass sie wieder will. Weil auch Paul will. Und weil er ihr einen Glitzerbeutel voller Edelsteine und einen goldenen Herzchenanhänger geschenkt hat. Ab morgen trägt Emma ihn jeden Tag. So wie Mama den Ring, den Papa ihr geschenkt hat, weil sie schon ganz lange verheiratet sind. Mal sehen, ob Emma eines Tages auch heiraten wird. Vielleicht ja doch Paul …?

Als sie an diesem Abend ins Bett geht, fühlt sie sich so wie schon lange nicht mehr. Emma ist eben doch ein Glückskind. Auch wegen Wuschel. Und Amelie. Und Mama und Papa. Selbst wegen Linus und Leo. Und wegen Luna. Und überhaupt wegen einem, den Emma gleich morgen früh wieder abholt. Zusammen mit Wuschel. Und sie gehen ganz weit, vielleicht bis in den Wald. Und noch weiter. Schließlich ist Paul Emmas Freund.

Leseprobe aus:

Judith Le Huray
Flucht aus der Gruselhütte

Ein Escape-Abenteuer zum Miträtseln mit Elementen zum Ausschneiden und Lösungen zum Freirubbeln
Schulausgabe erschienen im Hase und Igel Verlag, München
ISBN 978-3-86316-167-5
Begleitmaterial für Lehrkräfte
ISBN 978-3-86316-168-2

„Fahren wir jetzt gleich ins Freibad?", fragt Lotta beim Frühstück und kippt Milch über ihr Müsli.

„Bei der Hitze ist es viel zu voll", wendet ihr Vater ein. „Aber ich hab gestern einen Geheimtipp bekommen, für einen richtig tollen Badeweiher. Der liegt mitten im Wald."

„Oh ja!" Lottas Bruder Max ist sofort dabei.

„Pff! Waldsee ist doof", grummelt sein Cousin Kilian, ohne von seinem Smartphone aufzusehen. Selbst beim Essen legt er es kaum aus der Hand.

Seine Schwester Stella macht ein angeekeltes Gesicht. „Der See ist bestimmt total schmutzig."

Lotta verdreht die Augen. Stella und Kilian gehen ihr schrecklich auf die Nerven. Deren Eltern sind gerade in einem Wellnesshotel. Deshalb sind die Geschwister übers Wochenende bei der Familie von Lotta und Max.

Lotta musste sogar ihr Bett an Prinzessin Stella auf der Erbse abgeben und auf der Luftmatratze schlafen.

„Der Badesee wird euch sicher gefallen“, ist die Mutter von Max und Lotta überzeugt. „Leider kann ich nicht mit, ich muss heute arbeiten.“

Mit mürrischen Mienen packen die zwei Gäste ihre Schwimmsachen zusammen.

Endlich sitzen alle fünf im Auto. Lottas Vater gibt das Ziel im Navi ein. „Vom Parkplatz aus sind es noch etwa zehn Minuten zu Fuß“, erwähnt er beiläufig, als er den Wagen startet.

„Was?!“, ruft Stella. „Zu Fuß?“

„Man kann nicht direkt bis zum See fahren?“ Kilian ist entsetzt.

„Ich fass es nicht!“, stöhnt Max. „Könnt ihr nicht mal die paar Meter gehen?“ Max ist erst neun, aber schon seit zwei Jahren in der Jugendgruppe des Wandervereins. Kilian ist zehn, wie Lotta, und ziemlich groß für sein Alter. Aber er ist etwa so sportlich wie eine Kaffeekanne. Und die neunjährige Stella benimmt sich, als wäre sie ein Supermodel.

„Wir sind doch nicht zum Wandern hier“, zetert die feine Dame.

„Zehn Minuten sind gerade mal ein kleiner Spaziergang.“ Lottas Blick fällt auf das schicke Kleidchen ihrer Cousine. „Beim Shoppen in der Stadt bist du garantiert länger unterwegs.“

Plötzlich tritt ihr Vater auf die Bremse und die Kinder werden in ihre Gurte gedrückt. „Oje, ein Stau. Wir müssen einen anderen Weg nehmen.“ Im Navi entdeckt er einen Pfad, der auch zum See führt. Er biegt von der Hauptstraße auf den holprigen Forstweg ab.

Nach ein paar Minuten rumpelt und poltert es so heftig, dass sie anhalten müssen. Lottas Vater steigt aus und schlägt die Hände über dem Kopf zusammen. „Du meine Güte! Der Reifen ist geplatzt.“

„Auch das noch!“ Kilian stößt genervt die Luft aus.

„Ist nicht so schlimm“, meint sein Onkel. „Ich montiere den Notreifen und fahr dann zur Werkstatt. Ihr geht schon mal zum See. In einer Viertelstunde seid ihr da.“ Er deutet nach vorn. „Immer in diese Richtung. Heute Nachmittag hol ich euch dort ab.“

Max schaut in den Himmel, um den Stand der Sonne zu erkennen. „Also müssen wir nach Osten.“

„Eine Viertelstunde? Durch den Dreck?“ Stella kann es nicht glauben.

„Ist doch schön hier“, findet Lotta. Sie holt die Taschen aus dem Kofferraum.

Alles Murren der Gäste hilft nichts. Stundenlang beim Auto in der Werkstatt zu warten ist auch nicht gerade verlockend. Also müssen sie einen kurzen Fußmarsch zurücklegen. Laut schimpfend schnappen sich Kilian und Stella ihre Badesachen und schlurfen los. Schon nach drei Minuten jammert Stella über ihre schmerzenden Füße. Die Glitzersandalen sind nicht für Forstwege gemacht.

Kilian starrt selbst hier im Wald ununterbrochen auf sein Smartphone. Er stolpert über eine Wurzel und landet fast auf der Nase. Kurz darauf verpasst ihm ein tief hängender Ast einen Kratzer auf der Stirn. Seine Laune wird dadurch nicht besser.

Plötzlich bleibt er stehen. „Stopp!“, ruft er. „Wir sind ganz falsch. Zum See geht's nach rechts.“

„Nein, Osten ist geradeaus“, stellt Max klar.

„He, du Waldschrat, ich hab GPS. Auf der Karte sehe ich unseren Standort und die Route zum See.“ Kilian hält seinem Cousin das Handy unter die Nase. „Schau, wir sind hier und der See dort drüben. Ihr könnt ja Hänsel und Gretel spielen. Wir gehen jedenfalls da lang. Komm, Stella.“ Entschlossen biegt er rechts ab.

„Was machen wir jetzt?“, flüstert Max seiner Schwester zu. „Papa hat doch gesagt, wir müssen geradeaus.“

„Wir sollten mit ihnen gehen“, meint Lotta. „Ohne uns sind die im Wald aufgeschmissen.“

Also folgen sie den beiden. Um sich nicht komplett zu verlaufen, wollen die Geschwister sich die Strecke gut einprägen. Aber Kilian trampelt im Zickzack durch den Wald. „Oh Mann, mein GPS spinnt“, flucht er nach zehn Minuten. „Wir müssten eigentlich schon längst da sein.“ Wie wild tippt er auf seinem Smartphone herum, ohne auf Hindernisse zu achten. Im nächsten Moment knallt er gegen einen umgestürzten Baumstamm. Mit einem Schmerzensschrei landet er auf dem Boden.

„Man sollte im Wald die Augen offen halten", tadelt Lotta und hilft Kilian hoch. Statt „Dankeschön" zu sagen, flucht Kilian leise vor sich hin. Dann entsetztes Brüllen: „Wo ist mein Handy?"

„Das liegt dort drüben." Flink klettert Max über das Hindernis und holt Kilians Heiligtum. Mit den tausend Sprüngen im Glas sieht das Smartphone ganz schön mitgenommen aus.

„Oh nein, was mach ich denn jetzt?", ruft Kilian verzweifelt.

Max deutet auf das Schrotthandy. „Damit findest du jedenfalls keinen Weg mehr." Unruhig blickt er sich um. „Dummerweise hab ich jetzt auch die Orientierung verloren."

„Wir sollten ein Wanderschild suchen", überlegt Lotta.

„Ich geh nirgends mehr hin." Schniefend setzt Stella sich auf den umgestürzten Baum. „Meine Füße tun so weh." Sie zieht ihre Sandalen aus.

Lotta betrachtet die geröteten Fußsohlen ihrer Cousine. „Du bekommst Blasen. Aber ich weiß, was da hilft, mit Kräutern kenn ich mich aus." Am Wegrand pflückt sie zwei Blätter. Sie wachsen flach am Boden, aus ihrer Mitte lugt eine schmale Blütenähre hervor. „Das ist Breitwegerich“, erklärt sie. „Den musst du in deinen Schuh unter die wunde Stelle legen.“

„So ein Quatsch!“ Stella wirft das Grünzeug weg. Doch wenig später überlegt sie es sich anders und polstert ihre Sandalen damit.

Kilian hat seinen Schock über den Sturz und das kaputte Smartphone schon überwunden. „Stella, gib mal dein Handy her“, fordert er. „Ich will hier in der Wildnis keine Wurzeln schlagen.“

„Ist aber fast leer“, warnt Stella. „Ich hab vergessen, es über Nacht zu laden.“

Kilian läuft mit Stellas Telefon in der Hand hektisch auf und ab. „Mann, das funktioniert hier in der Pampa nicht. Und jetzt?“ Wütend kickt er einen unschuldigen Pilz zur Seite.

Max überlegt. „Wir sind zuletzt hauptsächlich in südliche Richtung gegangen, glaub ich. Also müssen wir …“ Er will die Himmelsrichtung an der Sonne ablesen. Da bekommt er einen Schreck. „Mist! Das Wetter schlägt um.“ Er zeigt nach oben. „Da ist schon eine pechschwarze Wolke.“

„Auweia, das sieht nach Gewitter aus“, stellt Lotta fest. Wie zur Bestätigung fegt plötzlich ein kühler Wind durch den Wald.

„Wir müssen zurück. Los!“, übernimmt Max das Kommando, ohne sich um Kilians Protest zu kümmern. Sie gehen einige Schritte in die Richtung, aus der sie gekommen sind. Doch bald weiß Max nicht mehr weiter.

Auch die anderen sind ratlos. Immer wieder landen die vier an neuen Wegkreuzungen und Trampelpfaden. Alles sieht fremd aus. Sie haben sich verlaufen …